1

DEMOCRATIZACIÓN EN CUBA

Un Manual Conciso

JULIO M. SHILING

Patria de Martí

Democratización en Cuba

Patria de Martí
Miami, Florida 33152
www.patriademarti.com
info@patriademarti.com

ISBN-13: 978-0692764114

Primera edición: Agosto 2016

Para Cuba que sufre y espera

Contenido

Nota de reconocimiento y gratitud

Mi gratitud profunda a José Tarano, productor técnico e investigador de *Patria de Martí*, por su labor incansable cuyo esfuerzo ha sido indispensable en todas nuestras tareas de promover una cultura de libertad y a Frank Rodríguez, quien revisó las pruebas de este libro y estuvo a la disposición de este trabajo a toda hora y en ausencia de su ayuda, hubiera sido difícil producir esta obra en un marco de tiempo tan apretado. ¡Gracias a ambos por la mano franca!

Mi agradecimiento, sobre todo, a Dios y su orden celestial por hacerlo todo posible.

Hacia una democracia en Cuba

Existe en Cuba desde 1959 un régimen totalitario de corte comunista con liderazgo sultánico y personalista. Sería un grave error suponer que una vez que cayera la dictadura castrocomunista, o se pronunciara una reestructuración demoledora de la misma, entonces, de forma inevitable y con seguridad Cuba se convertiría o estaría en el camino genuino a convertirse en una democracia. Los procesos de democratización están llenos de trampas y espejismos para intentar frustrar esa gesta. Este escrito tiene la misión de alertar contra esas posibilidades, de desintegrar conceptualizaciones erradas y de ofrecer una programación proactiva para alcanzar y afianzar con éxito la democracia en Cuba.

Esta programación consiste de 10 Puntos enumerados en las páginas siguientes que encapsulan el formato necesario para intentar llevar a cabo el proceso de democratización y debería ser parte de la política de Estado de un gobierno cubano libre. Las fuerzas que quieren preservar el estatus quo dictatorial, o matices del mismo para así preservar sus privilegios y ser eximidos del desastre que ha ocurrido en Cuba, intentarán desviar o limitar la discusión sobre los alcances de cualquier liberalización al ámbito exclusivo de lo económico. Por eso, todo lo que se expone y se argumente en este escrito contiene una resonancia fuerte de carácter de urgencia y de importancia. En ningún sentido, sin embargo, pretende el mismo monopolizar la palabra o el pensamiento. El peligro de un sabotaje, hay que estar claro, sí es verdadero y el castrocomunismo lleva ya tiempo intentando colonizar puntos de influencia para así, en el momento del debacle del modelo dictatorial hasta ahora ejercido, poder sustituirlo con una versión adulterada y no menos antitética a la democracia cubana y la idea de una sociedad libre y abierta.

Los dos mayores retos para una transición democrática son: (1) cómo enfrentar el pasado; y (2) fundamentar instituciones democráticas. El peor enemigo de la democratización es la impunidad. Hay una conexión clara de causa y efecto entre los desafíos para llegar a la democracia y su mayor antagonista. Si la impunidad es la variable que más pone a la democratización en riesgo, pues con lucidez se puede apreciar que el trato con el pasado, la necesidad de responsabilizar a los causantes de un pasado tenebroso y el mecanismo político que los albergó, la consolidación de un Estado de derecho y de instituciones democráticas como una rama judicial independiente, todo parece indicar que el quiebre de uno impacta el otro y que la tolerancia de actividad criminal mina las aspiraciones de poder llegar a ser y de mantener en libertad un modelo democrático. Todos los Puntos se enfocan en cómo lidiar favorablemente y de forma positiva con esos dos desafíos para negarle cualquier posibilidad a la antítesis de un Estado de derecho, la impunidad.

Liberación y democratización

La democratización no es sinónimo de liberación. Son dos procesos diferentes y tienen que ser entendidos así. Lo primero que tiene que venir es la liberación. Esto significa, para el caso cubano, el derrumbe o la cesación del mando del poder por parte del castrismo. La liberación sería producto de una lucha larga, costosa y ardua que a través de muchos años se ha realizado, se ha ejercido en frentes diferentes, con metodologías disímiles y sin un mando centralizado, pero con el único objetivo de ver a Cuba liberada del despotismo comunista. La victoria y el honor de la liberación cubana les corresponderán a todos los que resistieron, apoyaron y mantuvieron la fe de que Cuba sería libre algún día. En ese momento y sólo en momento de liberación, de la conclusión del dominio castrocomunista del poder político, es que se iniciaría el proceso de democratización.

La democratización, como procedimiento que parte de un modelo dictatorial y busca concretarse en un régimen democrático, constituye otra lucha, es otro campo de batalla, donde se inicia una guerra nueva contra una serie de intereses reaccionarios y oscuros, que por diferentes razones, intentarán sabotear el camino cubano hacia la democracia. En la reconstrucción de Cuba, para levantar el edifico de la democracia, urge tomar otras formas diferentes a las estrategias y el enfoque que se tuvo para lograr la liberación y se requiere una concientización apta hacia las características nuevas.

El sistema es el problema

En democracia, los cambios de gobierno son parte innata del sistema. Han existido regímenes no democráticos, de corte netamente autoritario, que cuando acceden a tener y respetar elecciones libres y competitivas, simplemente aceptan la salida del gobierno autoritario y esto basta para encaminar el país hacia la democracia, como fue cuando el Gral. Pinochet entregó el poder tras un referéndum convocado por él mismo. Regímenes totalitarios, como son los comunistas y los fascistas, no ofrecen esa posibilidad de iniciar una transición democrática con una alternancia de gobierno. El castrismo, como la dictadura totalitaria emblemática que es, obliga un desmantelamiento integrador. ¿Por qué es ese el caso?

La tiranía que viene dominando el poder político en Cuba desde 1959 no es solamente una entidad gubernamental mala. El castrocomunismo es mucho más que un "gobierno", en el sentido estricto de la palabra. Un gobierno es el cuerpo político con el poder para redactar y hacer regir leyes de un Estado sobre un país o territorio y una población. La dictadura que opera en Cuba comunista es un *régimen* y esto significa que el mismo incluye dentro de su modelo: sus leyes, sus instituciones, su ideología y sistema sociopolítico, su partido dominante, su cultura, sus tradiciones y costumbres, sus valores y símbolos, sus líderes y su gobierno. La responsabilidad de la barbarie en Cuba cae sobre un régimen y el sistema lo que sustentó ideológicamente.

Si bien el liderazgo del régimen castrista ha sido dominado por los hermanos Castro, bajo ningún concepto la responsabilidad es sólo de esta familia. Es cierto que el "castrocomunismo" obedece a una realidad de su composición: un régimen de dominación total, ideológicamente plegado e identificado como comunista, ejerciendo desde el primer momento una estructura de liderazgo de un personalismo en extremo, conocido en las ciencias sociales como *sultánico*. En otras palabras, aunque los tiranos Castro, sin duda, encabezan la cúpula de los culpables, sin embargo, el comunismo internacional ha sido el gen sistémico y la médula ideológica que ha sustentado la perversidad ejercida desde el poder. El sistema comunista, su partido e ideología y el régimen tiránico cubano, en unión a la cúpula que incluye a los Castro y sus cómplices, todos cargan con la responsabilidad.

¿Qué es la democracia?

La democracia es un sistema sociopolítico de auto gobierno, donde la soberanía reside en el pueblo que entra en contrato social con un grupo de personas para que constituyan un gobierno, elegido por ellos y responsable a ellos, y los gobierne, reteniendo ellos, el pueblo soberano, la opción de retirarle la confianza y escoger otros en elecciones periódicas, libres y competitivas, en un entorno donde se garantice el respeto a libertades fundamentales, y dicho contrato social ha de ser reforzado por un Estado de derecho. La democracia no es un sistema económico. Los déspotas gustan de incorporar factores económicos y materiales para intentar fusionarlos al entendimiento de lo que constituye una democracia. Esta práctica demagógica la usan los tiranos totalitarios muy en particular en búsqueda de legitimidad y para ocultar violaciones crasas a derechos y valores inalienables.

Límites al poder, la separación de las ramas del gobierno y la autonomía entre las instituciones, son fenómenos intrínsecos de una democracia. Frenos y contrapesos al sistema, guardan el equilibrio necesario para que una sociedad plural pueda ser libre y vivir en armonía social. En una democracia reina un Estado de derecho, o sea, el *imperio de la ley* que no es lo mismo que un "gobierno por la ley". Bajo el imperio de la ley se reconoce la existencia de derechos preeminentes que están fuera del alcance de cualquier gobierno. En otras palabras, ningún gobierno, con ninguna ley convencional o artículo constitucional, puede transgredir derechos naturales. Estos derechos vienen de Dios. Uno nace con ellos y ningún gobierno democrático puede sobrepasar esa barrera de la Ley Natural. En cambio, un gobierno por la ley puede emitir leyes injustas que violan preceptos elementales y así castigar a quien no cumpla con la misma. Esa ausencia de límites y frenos ante lo preeminente es la diferencia de estos dos entendimientos de un principio ético y jurídico. Para dar un ejemplo, el horror que dio lugar al holocausto en Alemania nazi iba amparado por leyes fascistas.

El propósito principal de un gobierno democrático

La tarea más importante de un gobierno que responde a un régimen democrático es proteger los derechos naturales de la sociedad, fundamental entre ellos, la libertad. Es lo que tiene, éticamente, primacía. Proveer bienes y servicios a la ciudadanía juega sin duda un papel valioso en las responsabilidades de un gobierno, pero no es su compromiso principal sino complementario. Sin embargo, las dictaduras se nutren de la distorsión de los principios elementales de lo que constituye una democracia y de los fundamentos que la doctrina de auto gobierno contiene y su relación primaria con la defensa de libertades básicas.

El peligro de priorizar la economía

Cuando los comunistas asaltaron el poder en Rusia en 1917 y lanzaron su guerra global contra el orden democrático, la doctrina esquemática de la economía socialista que emplearon, sustentándose en percibidas leyes de la historia y de determinismo económico, era una de planificación centralizada de los medios de producción estatales, de planes quinquenales y de colectivismo fundamentalista. Esto presentaba paralelos opuestos entre el orbe comunista y el mundo libre que utilizaba su modelo insigne, el capitalismo, con mercados libres y medios de producción en manos privadas. La diferencia cualitativa entre los dos regímenes y sus respectivos sistemas de valores y ética era fácil de discernir. La reformulación del modelo socialista incorporando matices del capitalismo, reconociendo fundamentos de mercado, tolerando la propiedad privada y desempeñándose activamente como actores en la globalización, ha causado trastornos en el entorno político y ético.

Intereses comerciales, la amoralidad de los mercados y un mundo cada vez más entrelazado por vínculos económicos, le ha hecho un flaco servicio a la democracia. Equivalencias falsas se han establecido, sirviendo a legitimar regímenes dictatoriales. Es cierto que el capitalismo ha demostrado su superioridad en cuanto a producir productos y servicios, más efectivo, cualitativa y cuantiosamente. Sin embargo, ha probado también su incapacidad para transmitir su modelo político complementario por naturaleza hacia la democracia, ejemplificado por casos de dictaduras totalitarias como las del Partido Comunista de China.

El peligro de estancarse en el despotismo

La adaptación de mecanismos de mercado y la aceptación de privatizar los medios productivos (hasta cierto punto), aunque estos sigan siendo dominados por el poder político dictatorial, ha producido variantes novedosos del socialismo. El comunismo asiático, esencialmente un modelo híbrido que combina un Estado leninista con una economía mixta, ha dado muestra de poder producir un prototipo de gobernanza que ha sido inmune al contagio democrático y capaz de superar la miseria perenne mientras sigue sobreviviendo como sistema tiránico.

La economía globalizada y la aclimatación de versiones adulteradas y pervertidas del capitalismo ha incapacitado a gran parte de la clase política en el mundo democrático para actuar con solidaridad y resistir y tratar de revertir esta nueva formulación de dictaduras, no sólo como las del comunismo asiático, sino también como la del putinismo en Rusia y las del socialismo del siglo XXI. La liberalización del ámbito exclusivo de la economía es una receta para la supervivencia del despotismo.

El peligro del retorno del despotismo

Transiciones democráticas han demostrado poca uniformidad en cuanto a los resultados de haber culminado exitosamente. Algunas llegan, otras nunca despegan y algunas otras tienen reversiones y después de establecer una democracia, las mismas caen y se retorna a un régimen dictatorial. Estas cosas no pasan por casualidad. Hoy existe suficiente evidencia empírica para poder determinar, de antemano, los factores que contribuyeron a los resultados.

Dictaduras totalitarias, como el caso del castrocomunismo, requieren un desmantelamiento total del régimen. Eso sólo no es suficiente. Se requiere una serie de medidas jurídicas, éticas y políticas para asegurar que el sistema sea desintegrado de forma integradora. Adicionalmente, es vital concretar legislación, incorporar mecanismos y adoptar políticas sensatas para desincentivar la inconformidad y obstaculizar su reaparición, tal vez portando otro vestuario, del mismo mal que ha azotado a Cuba por tantos años.

Al pie figuran diez puntos que intentan abarcar los factores principales para alcanzar e institucionalizar, la democracia en Cuba.

Punto 1 Justicia transicional

Tal como su nombre implica, la *justicia transicional* está diseñada para servir como mecanismo transitorio que viabiliza la transformación de una dictadura a una democracia. En los casos específicos donde el punto de partida es un régimen totalitario, como es el caso del castrocomunismo, su implementación es indispensable. Sin un procedimiento ético y jurídico de este tipo, Cuba correría grandes dificultades en su proyecto de alcanzar la democratización. En ausencia de un proceso de justicia transicional las posibilidades de los demócratas estarían seriamente limitadas. Todas las modificaciones o los cambios que se pudieran elaborar no lograrían impulsar a que Cuba derive en democracia. Más bien veríamos la permanencia de un esquema no democrático.

¿Qué es la justicia transicional? Es el cúmulo de medidas jurídicas, éticas y políticas que busca aliviar los daños ocasionados a una sociedad por haber padecido violaciones sistemáticas de derechos humanos. La justicia transicional facilita el camino al establecimiento de instituciones democráticas. Sin la institucionalidad de un régimen democrático no puede haber un Estado de Derecho. Por eso, este proceso sirve de puente a cualquier nación que busca la transformación de un régimen dictatorial a uno democrático. ¡Es una herramienta democratizadora y sanadora indispensable!

Esto es un punto contundente e irrenunciable. En ausencia del mencionado proceso justiciero, valga la redundancia, Cuba con alta probabilidad deambularía hacia otra especie dictatorial como la versión china/vietnamita (comunismo asiático), un despotismo oligárquico como el de la Rusia de Putin, otra de las dictaduras del siglo XXI o en un Estado fallido. La razón es sencilla. La justicia transicional enfoca directamente en el primer reto fundamental de un proceso de democratización: el contender con el pasado. Cualquier intento de esquivar esto, de anular la *memoria colectiva* de un pueblo, tendría un resultado desastroso para la transición democrática. Esto frustraría la deseada *reconciliación* genuina. Sólo prolongaría el momento inevitable para la nación cubana de reconciliar un pasado traumado por la violación sistemática de *derechos naturales* que son imprescriptibles y preeminentes, con la reparadora noción de que el mal que se practicó desde el poder político se puede reparar por medio de un proceso ordenado, equitativo y justo.

Partiendo del principio que todo camino hacia la democratización requiere lidiar con su pasado, la justicia transicional enfoca frontalmente este primer desafío existencial. Específicamente, este conjunto de medidas jurídicas/éticas/políticas busca el cumplimiento de tres cosas esenciales: (1) esclarecer los crímenes; (2) castigar a los responsables; (3) indemnizar a las víctimas. Esto sirve múltiples propósitos importantes para una democracia incipiente, como sería la cubana después de una larga estadía del totalitarismo.

Para esta tarea el Estado cubano libre y democrático debe de asistir a este propósito con todos los mecanismos a su alcance. El Ministerio de Justicia debe de ser la institución gubernamental encargada de presentar cargos y proseguir con las tareas de fiscal, en cooperación con otras agencias de la fuerza pública. La documentación e investigación para facilitar este proceso jurídico puede ser apoyada por información que instituciones privadas, individuos o Estados foráneos puedan aportar. Sin embargo, le competirá exclusivamente al Estado cubano libre la determinación de los méritos de dicha información o testimonio y la decisión de presentar o no cargos contra un acusado. Las investigaciones y los juicios en el proceso de la justicia transicional le garantizarán a todo acusado el *debido proceso de la ley*.

En cuanto a los archivos secretos del régimen castrocomunista que puedan contener documentación sobre alguna actividad criminal, subversiva o ilegal estos se deben de hacer públicos. Esto incluye todas las operaciones de control y represión política, espionaje, chantaje, arrestos, asesinatos, deportaciones, torturas, actos de repudio, experimentos clínicos, extorciones, explotaciones y cualquier otra acción denigrante a la condición humana, dirigido o tolerado por la dictadura castrista. Esta información y su disposición al público, a fiscales, a investigadores privados, a académicos y a la comunidad internacional tiene el propósito expreso de servir de base de datos para investigaciones que pueden servir para esclarecer crímenes, cuya evidencia podrá ser utilizada en juicios posteriores.

El Estado cubano libre y democrático debe de exhibir toda esta información cuantiosa sobre los crímenes cometidos y las actividades subversivas e ilícitas de la dictadura castrista, realizados dentro y fuera de Cuba, contra nacionales y extranjeros. Estos archivos deben de ser digitalizados y hechos disponibles permanentemente, en adición a ser conservados en un lugar físico. Aunque esta función puede ser asistida por datos y cooperación de organizaciones no gubernamentales de derechos humanos, organismos continentales e internacionales como la Organización de Estados Americanos (OEA), la Organización de Naciones Unidas (ONU), la Corte Penal Internacional, etc., debe de estar bajo la jurisdicción de un departamento gubernamental cubano cuya responsabilidad parcial sería buscar, organizar, almacenar, digitalizar, conservar y facilitar su acceso a la sociedad cubana y al mundo. Un nuevo departamento, cuyo título podría ser: el Ministerio de la Memoria y la Defensa de la Libertad y la Democracia (más sobre este departamento en el Punto Número 3) pudiese establecerse.

Los mencionados tres objetivos de la justicia transicional buscan empoderar a la sociedad cubana, aclarándole ciertos derechos que víctimas de violaciones institucionales cometidas por la dictadura tienen. La sociedad cubana tiene derecho a saber la verdad y a la memoria colectiva. Las violaciones sistemáticas de los derechos humanos y los crímenes de lesa humanidad se tienen que esclarecer. Este procedimiento concretaría adicionalmente el derecho de los cubanos a ver ejercitar la justicia y a que se castigue al culpable o culpables. La justicia transicional garantiza, con el tercer derecho, que las víctimas reciban justa reparación por esos crímenes.

Resumiendo este punto fundamental, cuando en un país el gobierno y sus instituciones han cometido violaciones crasas de los derechos humanos y crímenes de Estado, la sociedad tiene derecho a que se concrete el *esclarecimiento* del crimen, el *castigo* a los culpables y la *indemnización* a las víctimas. Estos son pasos cruciales en la construcción de un régimen democrático. ¿Por qué es esto tan importante? Después de todo, algunos argumentan que es mejor olvidar y proponen una especie de "borrón y cuenta nueva". ¿No sería eso mejor para la democratización?

La justica transicional no debe confundirse con *comisiones de la verdad*. A simple vista, parecería que ambas cumplen el mismo propósito. Sin embargo, este no es el caso. Comisiones de la verdad concentran su labor en la primera tarea de la justicia transicional: esclarecer el crimen. No están capacitadas para ejecutar las otras dos funciones: castigar al culpable; e indemnizar a las víctimas. Para dictaduras totalitarias como la castrista, una comisión de la verdad le haría un gran disfavor al proceso de democratización, ya que promovería, en el sentido de la practicidad, la impunidad. No reconciliaría un presente libre y democrático con un pasado tormentoso y dictatorial, al excluir de ese el alivio que urge la víctima y la sanción al responsable. Por eso enfatizamos que una comisión de la verdad no es sustituta de la justicia transicional.

Todo régimen no democrático comete crímenes y viola derechos humanos. Todos los pueblos que han padecido dictaduras tienen derecho al cumplimiento de las tres metas de la justicia transicional (esclarecer crimen, castigar culpables, indemnizar víctimas). Sin embargo, regímenes de dominación total, como es el tipo de despotismo que ha padecido Cuba desde 1959, convierte la justicia transicional en receta obligatoria. Dictaduras comunistas y fascistas son todas totalitarias, como hemos reiterado. Una de las características de estos modelos políticos es su adhesión a una *ideología radical*.

Ideologías de corte radical, a diferencia de ideologías democráticas, son en efecto *religiones políticas*. No importa si la ideología es tomada como un sistema de creencias o una discursiva política. Regímenes totalitarios racionalizan su conducta partiendo de ese entendimiento y óptica del mundo. Desde ese prisma, atropellan el valor del individuo y las libertades básicas que obstaculizan los objetivos ideológicos. Para los comunistas, el mundo supuestamente obedece unas leyes de historia que se manifiesta en una lucha de clases. Los fascistas, reposan su visión percibiendo unas leyes de la naturaleza que se expresan en una lucha de razas o naciones. Son primos hermanos que han estado prendidos a ideologías que han causado muchas muertes y otros crímenes de lesa humanidad "justificados" por este conjunto de ideas que vienen con planes de *acción política*.

La mitificación fraudulenta que una ideología como el comunismo implanta, urge un *juicio moral* al modelo práctico y teórico. La justicia transicional hace eso exactamente. La violación sistemática de los derechos naturales y humanos, impacta, no sólo a los que la han padecido directamente, sino también el trauma se extiende de forma indirecta a la psiquis colectiva de una sociedad. Es necesario desmantelar la propaganda generalizada, la historia falsificada y los mitos inventados, todo engendrado para propiciar la *contracultura*. La defenestración social que toda sociedad totalitaria padece mientras rige el modelo dictatorial obliga a que se criminalice la barbarie, en vez de glorificarla.

La democracia, un modelo socio-político de autogobierno, con su enfoque en el respeto absoluto de los derechos preeminentes (naturales), la separación de los poderes del gobierno y la priorización de la tolerancia y el pluralismo, requiere para su funcionalidad de un *Estado de Derecho*. Esto es mucho más a que un gobierno siga las pautas de "leyes". Las dictaduras obtienen su legalidad y cometen crímenes de lesa humanidad aplicando "leyes" injustas. Hay una gran diferencia entre un *gobierno por la ley* y el *imperio de la ley*. El primero es la mera obediencia de las leyes escritas. Estas, sin embargo, pueden ser injustas. En Alemania nazi y en China comunista, por ejemplo, se cometió la barbarie (en China se sigue cometiendo) siguiendo la "ley" al pie de la letra. El imperio de la ley, sin embargo, reconoce la existencia de derechos preexistentes (derechos naturales) que están fuera del alcance de cualquier *ley convencional*. En otras palabras, hay derechos que ningún gobierno te puede quitar, porque vienen de Dios y preceden la existencia de un gobierno o un *contrato social*.

Para que el imperio de la ley tenga aplicabilidad, una rama judicial independiente tiene que hacer respetar la ley. Esto se logra atendiendo las leyes convencionales pero siempre priorizando los parámetros de los derechos naturales. Para poder lograr todo esto no se puede tolerar la antítesis de un Estado de derecho: la *impunidad*. La justicia transicional sirve para combatir este enemigo visceral de la democratización. Toda democracia, particularmente una incipiente, tiene que tener cero tolerancia con la impunidad. De lo contrario, está extendiendo una invitación con alfombra roja para que se retorne el despotismo.

La justicia transicional es eso, la piedra angular en esa base desde donde se construye la democracia. Para posibilitar una reconciliación nacional genuina e integradora y transformarse en una sociedad libre, abierta y democrática, este proceso jurídico/ético/político es imprescindible. Los casos más exitosos de democratización de tiranías totalitarias como del nazismo hacia la democracia, han colocado la justicia transicional en prioridad en la programación democratizadora. En Cuba es de igual urgencia y tendrá los mismos resultados favorables que han tenido otras democracias que la han implementado.

Adicionalmente, se debe de revisar todas las condenas actualmente cumpliéndose en cárceles cubanas, para asegurar que la politización dictatorial no acusó y condenó falsamente. Los presos políticos, por supuesto, ya habrían sido liberados inmediatamente en el momento de la liberación nacional. Esta revisión sería para todos los otros casos, sin conexión política.

Punto 2 Descomunización

Descomunización es otro proceso jurídico/ético/político que, en este caso, busca erradicar integralmente el modelo de operar tiránico del castrocomunismo. El propósito específico es la obliteración del régimen castrista, tanto en lo abstracto como en lo concreto. La descomunización contiene, como parte de su proyecto propiciatorio, otro procedimiento conocido como *lustración*. En el uso práctico por parte de un gobierno en gestación democrática, la lustración es, típicamente, una gama de leyes diseñadas para impedir que oficiales de la dictadura previa y otros responsables de crímenes asociados al dominio dictatorial participen en la vida pública, particularmente, en la política.

La descomunización, en su completitud, es un curso imprescindible para iniciar la reversión del daño antropológico, psicológico e histórico que el comunismo cubano le viene infligiendo a Cuba desde 1959. Con las medidas de dicho proyecto se intentará prevenir que el castrocomunismo retorne al poder nuevamente. Este proceso de descontaminación también facilitará el establecimiento y el subsecuente fortalecimiento, de instituciones democráticas y de una sociedad civil. Tomando en cuenta las implicaciones de carácter jurídico, una rama del Ministerio de Justicia debe de ser la encargada de reforzar esta programación.

El Partido Comunista de Cuba (PCC) es el agente instrumental desde donde todos los tentáculos de la dictadura parten. Como tal, es el primer organismo que directamente tratará la descomunización. El PCC debe ser clausurado como ente operativo, junto a todos sus apéndices. Esto recoge, naturalmente, la policía política, las organizaciones de masa, los cuerpos de inteligencia, la jefatura de las fuerzas armadas, la estructura del gobierno (todas sus ramas), los cuerpos paramilitares y la directriz de empresas oficialistas. Cuando hablamos del PCC, incluimos naturalmente adaptaciones o interpretaciones particulares de "fidelismo", "raulismo" o cualquier variante parecida. El castrocomunismo, como fenómeno tiránico y masa política, fue quien escogió, formó y utilizó al PCC como su rostro motorizado y por eso es la institución más relevante y precisa para iniciar el proceso de desmembramiento y desmantelamiento sistémico en Cuba.

En dictaduras totalitarias, el partido monolítico absorbe al Estado una vez que se consolida en el poder. Este es otro objetivo de la descomunización: liberar al Estado del Partido dictatorial, separándolos. Ningún Estado democrático puede ser la personificación de un movimiento o un partido particular. El comunismo y el fascismo se han apropiado del Estado cada vez que han llegado al poder y desde ahí han operado como una organización criminal bajo la vestidura legitimada de un Estado. Las particularidades del despotismo castrista, como hemos sostenido, lo convierte en un caso sui géneris por combinar este modelo una serie de características atípicas dentro del campo dictatorial socialista. En adición a ser la dictadura castrista un régimen totalitario de corte ideológico comunista, esta variante ha ejercido, a través de su historia, un tipo de liderazgo que podemos categorizar como *sultánico carismático*. Quiere decir esto que con un esquema de gobierno absolutista con una dosis alta de liderazgo personalista y arbitrario, adopta adicionalmente matices dinásticos y nepotistas. En otras palabras, la expurgación política tiene que extenderse a la familia de los Castro, sus allegados y su círculo íntimo.

En adición a la disolución del PCC y sus instituciones, también debe de concretarse su prohibición como organización política para competir en elecciones democráticas. La ilegalización del PCC es necesaria principalmente por tres razones. Específicamente, en el caso cubano esta organización fue la culpable titular de todos los crímenes que el régimen castrocomunista cometió, ya que el Partido/Estado fue fusionado por la cúpula dictatorial gobernante y le quitó al PCC cualquier vestigio posible de ser este un "partido político" en el sentido civilizado y democrático. El PCC es una entidad criminal, organizada con el propósito expreso y deliberado de validar y ejecutar las tareas de un régimen tiránico. No es y nunca fue, un partido político en el sentido técnico y funcional de la palabra y en su aplicación dentro del contexto comparativo democrático. Esto ha sido otra equivalencia falsa más que la izquierda radical ha insistido en promover.

La proscripción del PCC imposibilita que un organismo político *anti sistema* pueda tener la oportunidad de subvertir el orden democrático, llegando al poder por la vía democrática y una vez en control del mismo, quebrar sus instituciones y reinsertar el despotismo. La victoria de Hitler y Mussolini en las urnas dejaron claramente establecido, el peligro que corren las democracias cuando le dan espacio a movimientos anti sistema para que compitan por el poder político. ¡Quien no juegue por las reglas democráticas no debe de ser permitido a participar en el juego democrático! Las democracias europeas, tras la liberación del despotismo fascista en 1945, formularon leyes prohibiendo la participación en el proceso electoral democrático a partidos políticos de esa fundamentación. Esas leyes aún están vigentes hoy en casi toda Europa.

La acción de vetar al PCC del proceso político en una Cuba libre y democrática no quiere decir que personas con afinidades ideológicas con corrientes comunistas, fascistas, anarquistas, islamistas fundamentalistas u otras ideologías radicales no puedan ejercer su derecho de expresarse libremente, de asociarse, de publicar o de esparcir sus ideas públicamente. Incluso, en el caso de personas con una atracción por perspectivas marxistas, hay espacio en el espectro político amplio dentro de la izquierda democrática para acogerlos, la social democracia es un ejemplo de eso. Lo importante detrás de esta medida no tiene el propósito de anularle el derecho de pensar o expresar a nadie. El *pluralismo* que anhelamos tener en Cuba apunta a que los cubanos tengan diversas opciones políticas e ideológicas. Sin embargo, la democracia como modelo político de autogobierno popular, dentro de un marco de Estado de Derecho, impone límites. Las limitaciones son aplicables para resguardar la democracia y asegurar que los cubanos puedan permanecer siendo una sociedad abierta y libre. Los límites, hay que enfatizar, a quién más se le impone es al gobierno, cuyo papel principal es defender la libertad de sus ciudadanos, reforzar el imperio de la ley y, consecuentemente, salvaguardar al modelo democrático de movimientos tóxicos y letalmente dañinos a su existencia.

En adición a la desarticulación e invalidación del PCC, ¿cuáles serían otras tareas específicas de la descomunización en Cuba? La respuesta es que son muchos los quehaceres y todos son necesarios. Como la idea es no validar el dominio tiránico que ha padecido Cuba desde 1959, ni tolerar su apología, ni promover la impunidad o facilitar un retorno del mismo al poder, es crucial esparcir el proceso a todas las capas nacionales donde se extendió el régimen castrista. Sólo así se puede revertir el totalitarismo y sus secuelas.

Uno de los propósitos fundamentales de la descomunización es asegurar que todos los miembros del PCC en posiciones públicas de autoridad en los entornos político, social, económico, militar, cultural, legal y educacional del país, sean removidos de sus puestos. Esta acción busca negarles acceso a personas que desempeñaron un papel de complicidad funcional y relevante en el mantenimiento sistémico del castrocomunismo, a centros de nervios de una sociedad que busca afianzar las instituciones democráticas. Dichas personas no quedarían impedidas de trabajar en el sector privado o por su cuenta.

Toda la simbología, las insignias y la parafernalia utilizada o asociada al régimen comunista cubano, deben ser removidas de todo espacio público, así como la proscripción permanente de exhibirse, nuevamente, en público. Esto incluye la eliminación de todas las estatuas, los monumentos u otras estructuras que rindan honor a personas, instituciones, movimientos, partidos, alianzas, etc., que estuvieron vinculados o sirvieron los intereses del castrocomunismo. Esta gesta abarca también la anulación de observar fechas, ocasiones y celebraciones vinculadas a la dictadura cubana. El nombre de las calles, los pueblos, los parques, los institutos, los edificios, las industrias, la historiografía dictatorial, etc., provenientes del régimen castrista deben ser cambiados. La apología a la barbarie no es aconsejable tolerar. En Europa, después de la Segunda Guerra Mundial, nuevamente, las democracias continentales establecieron leyes claras con fines de impedir la apología. Los cubanos, aplicando la misma sensatez, deberían de concretar leyes tendientes a prohibir cualquier apología a la dictadura castrista.

Diferenciándose de la justicia transicional que se propone la tarea de atender casos específicos de violaciones de derechos humanos y crímenes de lesa humanidad empoderando a las víctimas (investigar el crimen, indemnizar a la víctima) y responsabilizando a los criminales (castigando al culpable), la descomunización se enfoca en la remoción de la vida y de la vía pública la simbología, las instituciones, las leyes, la estructura del poder (político, militar, educacional, cultural, jurídico y económico), los privilegios y todo los líderes y los personajes influyentes del régimen castrista.

Algunos podrán pensar que en una dictadura de dominación total como la castrocomunista, sería difícil encontrar personas que de alguna forma, en algún momento, no formaron parte de la maquinaria estatal. Eso es cierto. Sin duda, una de las perversiones mayores de regímenes comunistas y fascistas es que su dominio político se extiende a cada rincón de la vida del individuo. Sin embargo, típicamente, sólo una porción bien pequeña de la sociedad es directamente responsabilizada por los crímenes de Estado, de lesa humanidad, de violaciones crasas de los derechos humanos y otros actos criminales de corrupción, robo, abuso de poder, etc., que se cometieron. La evidencia empírica nos demuestra eso.

La salida exitosa del totalitarismo a la democracia ha visto en todos los casos alguna variación del proceso de la descomunización o desnazificación (equivalente a la descomunización pero aplicable al fascismo alemán). Es más, ha sido precisamente en los países donde hubo poco o ningún procedimiento de este tipo que la democracia nunca se afianzó o simplemente permaneció el modelo sociopolítico en una variación del despotismo. Las transiciones democráticas más exitosas de totalitarismo a democracia, valga la redundancia, han exhibido estos procesos sin excepción. Desde que cayó el comunismo soviético varios países del ex bloque socialista iniciaron procesos de descomunización desde los 1990s. En todos los casos se vio (si acaso) sólo un parte minúscula de la sociedad ser sancionada. En el caso procesal de descontaminación anti totalitaria más emblemática de todas las dictaduras de dominación total, el caso de Alemania nazi después de concluir la Segunda Guerra Mundial, nos ilustra un ejemplo de esto que nos permite enfatizar con creces este punto.

En 1946, al caer el despotismo fascista en Europa, Alemania contaba con un poco más de 65 millones de habitantes. La desnazificación obligó a cerca de 6 millones de alemanes a enfrentar el escrutinio procesal (menos de 10% de la población). De esos, sin embargo, sólo un 20% recibieron algún tipo de amonestación y casi todos excluían la cárcel o la pena capital. Para ser más preciso, las cifras de los que enfrentaron las sentencias más severas de cárcel o la pena capital fueron 1,600 personas (los casos de la aplicación de la pena capital fueron poquísimos). ¡Esto equivale a menos de 0.00003076923 de la población total, muchísimo menos que ni siquiera el 1% de la población! Si fuéramos a aplicar esta secuencia de números en proporción a la población de Cuba hoy estaríamos hablando de menos de 350 personas. Estas cifras, por supuesto, son hipotéticas y sólo para propósitos de comparación y de establecer el punto seminal que sólo una cantidad muy reducida de la población es la que, en la práctica, encara el peso del proceso de la descontaminación del totalitarismo.

La descomunización, podemos concluir, ofrece numerosos servicios a una transición democrática. El más valioso es el juicio moral que se le hace y el veredicto contundente que recibe una dictadura comunista que por más de 57 años ha gobernado tiránicamente, con la arbitrariedad selecta de privilegiar a sus escogidos y familiares y afligir a un pueblo entero, negándolos sus derechos naturales u obligándoles a exiliarse para ser libres.

Punto 3 Publicar la subversión y los crímenes internacionales

El castrocomunismo no sólo les ha causado daño a los cubanos. Su existencia dictatorial ha tenido un alcance extraterritorial y su actividad terrorista y hegemónica se ha extendido por el globo. Consecuentemente, las víctimas de la dictadura castrista se encuentran en todos los continentes y portan un sinnúmero de ciudadanías. El Estado cubano libre y democrático tendría una obligación moral y un compromiso con la ética democrática, de hacer público toda la información disponible acerca de esta actividad subversiva, criminal e ilícita. El fin sería asistir a cualquier proceso foráneo investigativo para esclarecer los crímenes y ofrecer evidencia que se pudiera usar para condenar a los criminales.

El gobierno cubano democrático, sin embargo, no estaría en la disposición económica de poder indemnizar a los no cubanos como parte del proceso de justicia transicional cubana, pero sí ofrecería todo tipo de colaboración para extraditar al sujeto implicado en el crimen y facilitarle a las ramas jurídicas del país extranjero todo el material de apoyo que esté al alcance de las autoridades cubanas. El sentido universal de los valores y los derechos fundamentales e imprescriptibles, así como la solidaridad democrática internacional, le impone moralmente a la nueva nación democrática cubana la tarea digna de instituir y preservar estos archivos para que cualquier persona o institución de cualquier parte del mundo las pueda acceder de forma cibernética, en persona y todo gratuitamente. La información sobre la subversión y los crímenes internacionales estaría contenida dentro de los archivos del Ministerio de la Memoria y la Defensa de la Libertad y la Democracia.

Urge recordar que Cuba comunista sirvió los intereses del comunismo internacional grandilocuentemente y luchó contra el orden democrático en el mundo desde que tomó el poder político, no sólo de forma consistente, sino con implicaciones seminales. Desde el primero de enero de 1959, el castrocomunismo se propuso convertirse en el agente de cambio primordial del marxismo-leninismo en el continente americano y de ser un aliado integrador del mismo propósito en el resto del mundo. Los miles de muertos y otros daños crasos que el comunismo cubano ha causado en el escenario global, directo o indirectamente, es irrefutable. Su injerencia subversiva y terrorista en los asuntos de otros países, sus intenciones consistentes de derrocar el orden democrático ha sido un curso de acción crónica que ha impactado a muchos pueblos. Así también su activismo extraterritorial en tareas ilícitas ha incluido la complicidad en el secuestro de personas, la práctica de la tortura, matanzas y asesinatos, participar y facilitar el narcotráfico, el lavado de dinero, el tráfico de influencia, el soborno, etc.

Este papel magnánimo en la subversión internacional, que el régimen castrista se atribuyó y llevó a cabo, lo pudo hacer con un operativo masivo de decenas de miles de individuos, costeado por recursos prácticamente ilimitados y sin escrutinio público de numerosas fuentes que han incluido: las arcas financieras de la ex Unión de Repúblicas Socialistas Soviéticas, Venezuela, el islamismo radical (notablemente Irán), financiación de bancos y agencias de crédito de países democráticos, rentas de empresas ocultas, el narcotráfico, confiscaciones de propiedades y activos, la venta de información de inteligencia sobre EE.UU., el arrendamiento de suelo cubano con fines de espionaje chino y ruso contra EE. UU. y la práctica del neo esclavismo que representa el arrendamiento de profesionales cubanos a terceros países y organismos internacionales.

El terrorismo, como metodología para alcanzar el poder político, se vio manifestado en las acciones de las guerrillas rurales y urbanas que el castrismo organizo, orientó, entrenó, financió, respaldó y sirvió de apologista, a través de América Latina desde que se apoderaron de Cuba. El castrocomunismo formuló una serie de instituciones para ejecutar los objetivos subversivos. La composición ha incluido organismos conectados directamente al Estado dictatorial castrista, instituciones que simulan ser organizaciones no gubernamentales o de masa y organismos continentales e internacionales engendrados expresamente con ese fin.

Entre las instituciones gubernamentales principales vinculadas directamente a nivel de departamentos o cuasi departamentos de la dictadura comunista cubana y con responsabilidad sobre las operaciones de subversión internacional están o han estado: la Dirección General de Inteligencia, el Departamento América, la Dirección de Inteligencia Militar y la Dirección de Contrainteligencia Militar. Cada una de estas instituciones ha contenido en ocasiones subdivisiones bajo su mando. No podía faltar en este grupo el Ministerio de Relaciones Exteriores. Este ministerio, uno de los más utilizados para la injerencia conspirativa de Cuba comunista, es el escudo diplomático que provee cobertura de fachada para gran parte del espionaje y contraespionaje utilizado.

Instituciones como la Organización de Solidaridad de los Pueblos de África, Asia y América Latina, la Organización Latinoamericana de Solidaridad (ambas producto de la Conferencia Tricontinental de La Habana), el Movimiento de Países No Alineados, el Foro de São Paulo, la Alianza Bolivariana para los Pueblos de Nuestra América y la Comunidad de Estados Latinoamericanos y Caribeños son algunos de los mecanismos intergubernamentales que el castrismo ha engendrado o donde ha ejercido una influencia dominante para avanzar los intereses del comunismo internacional, también conocido como el socialismo real y su prole readaptado, el socialismo de siglo XXI.

Organizaciones de pantalla que han sido o siguen siendo extensiones del poder dictatorial e instrumentales con fines subversivos incluyen: el Instituto de Amistad con los Pueblos, la Casa de las Américas y Prensa Latina. Todas las organizaciones mencionadas no abarcan la totalidad de la maquinaria subversiva y son sólo una muestra de los organismos más relevantes en la subversión internacional. Ahora vamos a mencionar una parte de los movimientos que el castrocomunismo ha colaborado a través del tiempo.

Incluimos aquí una parte de las organizaciones terroristas que fueron recipientes de la ayuda del proyecto criminal castrista de promover su agenda imperialista: Movimiento Popular de Liberación de Angola (Angola); Fuerzas Armadas de Liberación, Ejército Revolucionario del Pueblo, Ejército Guerrillero del Pueblo, los Montoneros (Argentina); Partido Comunista Bolivariano, Ejército de Liberación Nacional (guerrilla invasora de Che Guevara), Movimiento al Socialismo (Bolivia); Partido de los Trabajadores (Brasil); Movimiento de Izquierda Revolucionaria, Frente Patriótico Manuel Rodríguez (Chile); Fuerzas Armadas Revolucionarias de Colombia, Ejército de Liberación Nacional, Movimiento 19 de Abril, Cartel de Medellín (Colombia); Rebeldes de Simba (otra aventura de Guevara) (Congo); Alianza PAIS (Ecuador); Frente Farabundo Martí para la Liberación Nacional (El Salvador); ETA (España); Partido Comunista de EE.UU., Panteras Negras, Weather Underground (EE.UU.); Frente Moros (Filipinas); Ejército Guerrillero del Pueblo, Unidad Revolucionaria Nacional Guatemalteca (Guatemala); Partido Africano para la Independencia de Guinea y Cabo Verde (Guinea); IRA (Irlanda del Norte); Brigadas Rojas (Italia); Movimiento New Jewel (Jamaica); Ejército Rojo Japonés (Japón); Frente de Liberación de Mozambique (Mozambique); Frente Sandinista de Liberación Nacional (Nicaragua); Frente Popular para la Liberación de Palestina, Organización para la Liberación de Palestina, Hamás, Movimiento de Resistencia Islámico, Septiembre Negro (Palestina); Movimiento de Izquierda Revolucionaria, Movimiento Revolucionario Túpac Amaru, Sendero Luminoso (Perú); Macheteros, Fuerzas Armadas de Liberación Nacional (Puerto Rico); Hezbolá (Irán-Líbano); Unión Patriótica Dominicana (República Dominicana); Congreso Africano Nacional (Sur África); Movimiento de Liberación Nacional, Movimiento Revolucionario Oriental, Tupamaros (Uruguay);

Movimiento de Izquierda Revolucionaria, Partido Comunista Revolucionario, Fuerzas Armadas de Liberación Nacional, Movimiento Bolivariano Revolucionario 200, Movimiento Quinta República (Venezuela).

Hemos puesto esta lista parcial de movimientos con el nombre de los países, para ilustrar el planteamiento que la conducta terrorista de la dictadura castrista se esparció por todo un mundo y la facilitación de todo lo que esa relación siniestra costó, hay que darlo a conocer.

Punto 4 Identificar y recuperar activos secretos, malversados y enriquecimiento ilícito

La evidencia muestra, irrefutablemente, que el castrocomunismo ha malversado miles de millones de dólares para el patrimonio personal de la élite gobernante. Adicionalmente, han forjado una amplísima red de empresas, algunas identificables y otras secretas, con fines de lucro sin escrutinio público. Este capital y estas estructuras corporativas le pertenecen a la nación cubana y no a una oligarquía dictatorial. El Estado cubano libre y democrático tiene la responsabilidad de investigar y motorizar el debido proceso de la ley contra estos individuos y sus familiares y estas empresas que tomaron parte en este saqueamiento nacional para recuperar esos activos. Todo lo recuperado debería ir a un fondo especial usado expresamente para indemnizar a las víctimas de los crímenes cometidos por dicho régimen primero y luego cubrir otros gastos relacionados con la reconstrucción de Cuba. Se debería establecer una Comisión de Recuperación de Fondos Malversados.

Se calcula, de acuerdo a fuentes provenientes de las filas del poder castrista, que hay más de 100 cubanos que son millonarios. La lista puede ser mayor y aquí nos referimos exclusivamente a figuras pertenecientes a la cúpula gobernante. A Fidel Castro, el que más ha robado, se le atribuye poseer más de mil millón de dólares en patrimonio personal. Todos estos casos obtuvieron esas fortunas ilícitamente, de forma gansteril y a expensas del pueblo cubano. La metodología que han utilizado para el enriquecimiento ilícito ha seguido unas cuantas fuentes diferentes para rapiñar con diferentes modos de hacerlo.

Más allá de la corrupción generalizada y sistémica que existe en Cuba comunista, a través de todas las capas de la sociedad el capital grande hurtado es distribuido desde los escalones altos de la estructura del poder. En otras palabras, la repartición de todo lo que se saquea, ha operado con el beneplácito de los hermanos Castro o sus súbditos más allegados. El comunismo cubano en el ejerció del dominio político ha operado, invariablemente, semejante al crimen organizado (la mafia).

El extraer un porcentaje de las ganancias de las empresas estatales, dentro y fuera de

Cuba, representa una de las formas más comunes del enriquecimiento desaforado prevalente en Cuba. Todo lo que tiene que ver con el turismo ocasiona que cierto por ciento de las divisas que entran terminen en los cofres personales de estas figuras. Las remesas que manda la diáspora cubana, históricamente, siempre han contado con una parte designada a los bolsillos de la burguesía del castrismo. La dictadura también rapiña para el patrimonio personal de la casta dominante otro por ciento de lo que saquean a los trabajadores cubanos que salen al exterior, cuya mano de obra es arrendada. De todo lo que tiene que ver con la electrónica: los teléfonos celulares, las computadoras, las tabletas, etc., de todos estos equipos que requieren un abono constante de dinero para su uso, se destina una porción para la cúpula gansteril. El enriquecimiento ilegal, sin embargo, no sólo ha sido la apropiación de una rebanada de algo de valor que le entra a Cuba y los cubanos.

Los nuevos ricos que alcanzaron el estatus de millonarios al mando del poder político dictatorial se han enriquecido, también, vendiendo las propiedades confiscadas que se robaron. Obras de arte, joyas, artículos de lujo, antigüedades, bienes inmuebles, etc., representan algunas de las propiedades que han sido traficadas para el enriquecimiento personal de unos pocos. La dictadura comunista cubana no ha escatimado en su capacidad para conectarse con los mejores subastadores del mundo para presentar a la venta activos tangibles que expropiaron en nombre de una revolución bajo el lema ideológico marxista-leninista, cuyo lucro proveniente de la venta, sin embargo, va a parar a las arcas del tirano Fidel Castro, y de esos a los que él les permitió dicha actividad.

El castrocomunismo se ha volcado desde su arribo al poder en actividades fuera totalmente de los parámetros de la moral y lo ético. El narcotráfico ha sido otro negocio que le ha dado alto rendimiento a la cúpula del régimen. Y el asesoramiento, entrenamiento y participación de entidades cubanas en actividades de terrorismo internacional le ha valido al gobierno de los Castro en entrada de dinero contribuyendo a que unos cuantos castristas se hayan convertidos en hombres económicamente pudientes. La extorción, como práctica de Estado, hacia empresarios, políticos y otras personalidades ha sido otra fuerte fuente de capital.

Adicionalmente Cuba comunista ha sido proveedor de información obtenida por sus servicios de inteligencia y esto representa otra avenida de divisas que ha sido aprovechada. El enorme aparato de espionaje que ha caracterizado el despotismo comunista cubano ha sido formulado no sólo como un mecanismo para la supervivencia del poder político sino también para traficar con información privilegiada y obtener favores de otros regímenes o movimientos terroristas. En el comercio, las concesiones que se le extienden a empresas extranjeras usualmente conllevan un sistema de comisiones o dádivas que los funcionarios del régimen exigen y obtienen.

Lo cierto es que el castrocomunismo no ha escatimado en producir circunstancias para que unos pocos se aprovechen y obtengan cuantiosas sumas de dinero extraoficialmente. Hasta la salida de los cubanos del territorio nacional se ha visto infestada con la corrupción oficialista. El paralelismo que se hace con el modo de operar de una mafia es válido. Hasta aquí sólo hemos examinados algunas de las formas particulares de enriquecimiento ilícito de que se valen unos cuantos castristas. Los recursos obscuros y encubiertos del castrocomunismo, sin embargo, yacen no solamente en las arcas personales de este centenar de corruptos. La maquinaria económica completa de la dictadura castrista está políticamente contralada.

La mayor parte de la economía cubana está directamente en manos de la dictadura castrista. Las Fuerzas Armadas Revolucionarias (FAR) es la institución encargada de manejar ese 70% del sector económico. El caso del comunismo cubano reúne las características de un *nepotismo* en extremo. El Grupo de Administración Empresarial (GAESA), por ejemplo, un conglomerado monstruosamente grande y emblemático de la maquinaria mercantil castrista, es timoneado por el yerno del dictador Raúl Castro, el Coronel Luis Alberto Rodríguez López-Callejas. Cuba comunista ha formulado una red de más de 2,500 empresas usando el sistema de sociedades autónomas que operan tanto dentro del territorio nacional como en el extranjero. La mayor parte (por no decir su totalidad) de las que circulan en el extranjeras son secretas.

Los activos de esta maquinaria mercantil del régimen castrista, los negocios furtivos y esos identificados claramente con el sello oficialista, tienen que ser decomisados, sus estructuras desmanteladas y los derivados financieros de los mismos puestos al servicio de la nación cubana. Las sumas recogidas deben de ser depositadas en la Comisión de Recuperación de Fondos Malversados o su equivalente. Lo mismo debe ocurrir con el patrimonio personal de lo que han pillado la cúpula gobernante y sus familiares.

Punto 5 Multar empresas cómplices y violadoras de derechos laborales

Por razones de supervivencia el castrocomunismo modificó su economía a principio de la década de los 1990. Abrieron las puertas de Cuba a la inversión extranjera, estableciendo arreglos con empresas foráneas permitiéndoles participar en la economía cubana en capacidad de inversores minoritarios pero con el régimen castrista y sus empresas reteniendo una porción mayor del esquema comercial. Estas transacciones comerciales entre Cuba comunista y estas empresas extranjeras y el sistema socioeconómico híbrido que produjo en efecto, concretó la práctica sistemática de violaciones flagrantes de derechos laborales. Institucionalizaron una versión de neo esclavismo. Estas empresas que colaboraron con el despotismo comunista y explotaron al obrero cubano deben ser multadas de acuerdo al monto saqueado al trabajador de Cuba y el grado de complicidad con una tiranía.

Estos acuerdos entre la dictadura comunista cubana y compañías extranjeras, por la naturaleza de la composición jurídica en que transitaban en el negocio adquirieron papeles de socios. La ocurrencia de que una compañía privada con el domicilio corporativo en un país que decide invertir o montar operaciones en otro es entendido a simple vista como parte de la realidad globalizada, siempre y cuando se observen las leyes del país anfitrión de la inversión. Un problema moral surge cuando la empresa foránea proviene de una nación libre y democrática y la nación recipiente de la inversión engloba un régimen no democrático. Lamentablemente ese conflicto de principios ha sufrido mucho por los azotes de la contracultura en su guerra contra la ética democrática. Sin embargo, en el caso cubano, el problema no es sólo una cuestión de transacciones inmorales.

La legalidad escrita del castrismo en su Constitución de 1976 y en sus leyes, dictámenes y pronunciamientos públicos sucesivos ha codificado la supremacía del Estado dictatorial cubano en la vida comercial del país. Esto convierte la relación entre empresa extranjera operante en Cuba comunista y el régimen castrista, en la *praxis*, en una de complicidad. O sea, la propia naturaleza de la relación entre la compañía foránea inversora y el gobierno de los Castro produce, en el ejercicio de la actividad comercial que reglamenta el acuerdo impuesto para operar en Cuba, una serie de actos violatorios de leyes y normas laborales internacionales. Esto, en otras palabras, va mucho más allá del dilema de cruzar la línea de la moralidad. El problema no es meramente invertir y conllevar el comercio en una dictadura. Lo más lacerante es entrar en un negocio con el régimen castrista y tener que cumplir, obligatoriamente, con las exigencias de las reglas del juego, que constituyen potencialmente una actividad criminal.

El castrocomunismo, y por consiguiente las empresas extranjeras que hacen comercio en Cuba, explotan al trabajador cubano. La dictadura castrista le expropia al obrero cubano entre el 80% y el 92% de su remuneración. La empresa extranjera le paga a la agencia oficialista y esta le retribuye al trabajador, el restante 8% a 20%. El obrero cubano no puede ser contratado directamente por la compañía foránea. Quién lo escoge y lo manda es el régimen. Los cubanos no pueden pertenecer, ni organizar, sindicatos independientes. Pudiéramos seguir, ya que la lista es grande en cuanto a los tipos de violaciones que se han cometido y se cometen con los trabajadores de Cuba. Nos limitaremos sólo a cuatro convenios internacionales.

El Convenio de Protección de Salarios (No. 95, Artículo 9) de 1949, de la Organización Internacional del Trabajo (OIT) prohíbe que a un trabajador se le rapiñe su salario. Esto incluye al que contrató la mano de obra, aunque sea esta una agencia estatal. El Convenio sobre el Derecho de Sindicación y de Negociación Colectiva (No. 98) de 1949 de la OIT ilegaliza la prohibición al derecho del obrero a organizar y pertenecer a un sindicato autónomo del gobierno y de poder negociar colectivamente sin la injerencia estatal. El Convenio sobre la Política del Empleo (No. 122) de 1964 de la OIT estipula que los trabajadores son libres de escoger su empleo sin trabas discriminatorias. La Declaración Universal de los Derechos Humanos de 1949 de las Naciones Unidas, en su Artículo 23, aglutina esencialmente los principios de los tres convenios previamente mencionados.

Toda empresa extranjera que opera en Cuba comunista goza de una mínima autonomía y tiene que plegarse a los dictámenes y las arbitrariedades de una dictadura que gobierna tiránicamente. Esta realidad y las normas civilizadas que existen a nivel internación prohíben expresamente lo que hacen los consorcios comerciales con el castrismo. Esto convierte a cualquier compañía de negocios en un cómplice en el crimen.

Punto 6 Propiedades confiscadas o traficadas

El proyecto castrocomunista, desde su consolidación en el poder, lanzó un proceso integrador para abolir la propiedad privada de los cubanos. Cifras estiman que en 1959, contando Cuba con una población que superaba los 6 millones de habitantes, había más de 255,000 entidades comerciales consistiendo de fábricas, comercios y establecimientos agrícolas y más de 1, 800,000 viviendas. El saqueo draconiano que el comunismo cubano llevó a cabo no sólo violentó el orden socio-económico y político de un país, sino representa el mayor robo de propiedad privada en el Hemisferio Occidental. ¿Qué se debe hacer con el caso polémico de la propiedad confiscada una vez que Cuba sea libre?

Esto es uno de los temas más espinosos del drama cubano. Por un lado, si no se corrige el mal del robo institucionalizado, que es en efecto lo que realizó el régimen castrista, se está validando el atraco y fomentando la impunidad. Por otro lado, en el caso de las viviendas, particularmente, tampoco se puede o se debe, sacar a alguien de una casa o apartamento donde lleva tiempo residiendo. ¿Existe espacio para reconciliar este dilema? Sí se puede encontrar soluciones y es necesario resolver la cuestión de la propiedad expoliada por el castrismo ya que esos cuyas propiedades fueron robadas son víctimas del comunismo también. Primero vayamos a los casos de las expropiaciones comerciales.

Pese a la aparente enormidad de las reclamaciones ante los números de los afectados en la práctica esto no promete ser un problema tan grande como pinta a simple vista. En el caso de negocios pequeños o medianos este es el caso. La razón principal es el almanaque y la geografía. Como mucho de los antiguos dueños han fallecido y sus familiares o herederos han hecho su vida en otro país no es probable que quisieran retornar a conducir el negocio que fue saqueado. Las empresas grandes, sobre todo las que trasladaron su estructura corporativa al exilio, esos tienen alta probabilidad de querer (y deben) retomar las riendas de lo que los comunistas le robaron. Ahí también esto sería noticia bienvenida. No sólo por el acto justiciero de ver a negocios, muchos de ellos de familias, volver a su legítimo patrimonio, sino por la innovación, el conocimiento y el capital que pueden traer para revitalizar la nueva Cuba.

¿Cómo se debe proceder? Si el negocio o su equivalente está funcionando en manos del Estado, directamente se le debe transferir a los antiguos dueños, sus familiares o sus herederos. En el caso de que la propiedad comercial esté en posesión de una empresa foránea, el gobierno cubano libre debe de iniciar los trámites legales para remediar la situación. Cuando la empresa en cuestión fue "vendida" o arrendada por la dictadura castrista, esto significa que la transacción queda nula, ya que la misma constituye traficar con propiedad robada. Las compañías grandes que fueron confiscadas tienen mayor posibilidad de estar disponibles para este tipo de reclamación. Aunque el mayor número de propiedades comerciales confiscadas fue a cubanos, toda persona o entidad comercial extranjera que sufrió el despojo de su propiedad, tiene derecho y acceso al mismo proceso de la justicia para reparar el daño.

El caso de las viviendas que fueron usurpadas por el castrocomunismo presenta una situación un poco más compleja, pero no una incapaz de solucionarse. Cuando la propiedad en cuestión está habitada por una figura o familiares o allegados de la élite dictatorial o forma parte de un patrimonio malversado, inmediatamente la propiedad debe ser devuelta al dueño legítimo, sus familiares o herederos. En las situaciones cuando hay familias residiendo dentro de las casas o los apartamentos en cuestión y no están entrelazados criminalmente con el castrismo, no podrán ser removidos de la residencia. Esas familias no tuvieron que ver con el hurto estatal y no deben ser penalizados. ¿Cómo se puede resolver estos casos entonces?

El Estado cubano libre y democrático debe abrir una Comisión de Propiedad Confiscada para recopilar los nombres de todos los damnificados. En las situaciones cuando la propiedad es una vivienda y está ocupada, al dueño se le debe de proporcionar alguna indemnización, cuya cantidad sería en este momento imposible de calcular, ya que dependería de una serie de factores que están acatados a lo recaudado y disponible en el fondo establecido para indemnizar a las víctimas. Eso sí, las víctimas de crímenes de lesa humanidad y otras violaciones crasas a la persona tienen primacía sobre la restitución a víctimas de bienes materiales confiscados. En última instancia, si dicho fondo se viera con una suma insuficiente para restituir a los afectados por el robo de la propiedad y no se les pueden ubicar en su antigua vivienda o negocio, se le extendería una suma en bonos gubernamentales o acciones de empresas recuperadas, expurgadas y funcionales.

La experiencia nos muestra que todo intento de remediar los daños causados por las acciones de regímenes totalitarios siempre es insuficiente. La acción de rescatar el bien y lo justo y decirle no a la impunidad para intentar corregir el mal inmenso que un sistema encabezado por un grupo de criminales al mando de un país logró hacer, no sólo vale la pena, sino es moralmente obligatorio.

Punto 7 Repudiar deuda castrista

Cuba comunista ha sido, muy posiblemente, la mayor deudora per cápita del mundo, cuando incluimos las deudas completas y verdaderas con la extinta URSS y Venezuela. La democracia cubana no debe ni tiene por qué hacerse cargo del endeudamiento de la dictadura castrista. Un punto de orden y de aclaración es imprescindible para entender la moralidad detrás del planteamiento hecho de repudiar las obligaciones financieras que el régimen castrista adquirió.

Gobiernos democráticos representan a la sociedad que los eligió. Estos reflejan la voluntad soberana del pueblo y son la expresión política de una nación. En democracias, el contrato social es válido por el principio del consentimiento que sella el acuerdo y el reparo atento siempre de que todo gobierno tiene límites impuestos por los derechos naturales de los gobernados. La noción de tener elecciones libres y competitivas y la garantía de libertades para expresarse, informarse y asociarse, le extiende al pueblo un poder de veto en la práctica sobre cualquier acción o conjunto de acciones que les choque. Cuando algo causa que se pierda la confianza en el gobierno y que se le quiera retirar la potestad de tomar decisiones sobre el curso del país, en las urnas el pueblo soberano decide.

Por eso, cuando hay cambios de gobierno, por alternancias de partidos políticos por ejemplo, la sociedad y el nuevo gobierno asume como propia las consecuencias de las acciones del gobierno anterior. Esto incluye las deudas públicas adquiridas. Eso es parte del contrato social en un régimen democrático. Cuando hablamos de una dictadura, todo cambia. La diferencia se agrava más cuando se habla de un régimen de dominación total, como el que hay todavía en Cuba hoy.

Regímenes dictatoriales, como el castrismo, gobiernan sin el consentimiento de los gobernados. La particularidad totalitaria del mismo le extiende a su mando un alcance mucho más amplio y profundo sobre el país y sus ciudadanos. Las características del liderazgo que posee: sultánico, nepotista y dinástico, le añade al caso cubano una contextura potente de arbitrariedad y gobernanza caprichosa. La sociedad cubana, sin embargo, no ha tenido la oportunidad nunca de determinar si aceptaban o no el contrato social con el castrocomunismo.

Este arreglo entre gobierno y gobernados fue impuesto con engaños y luego su imposición ha sido reforzada con el terror y la represión. De modo que en Cuba no existe un contrato social legitimado con el consentimiento popular.

El principio sostenido en las explicaciones previas busca establecer la diferenciación que existe entre deudas adquiridas por un gobierno democrático y esas por una dictadura totalitaria, y las obligaciones distintas que a las sociedades en los respectivos regímenes les corresponde. En el primer caso (democracia) la deuda pasa al pueblo, por la naturaleza de la relación entre gobierno y gobernado, y las reglas de libre elección y alternativas disponible en el esquema sociopolítico democrático. Deudas obtenidas por regímenes totalitarios, como el castrocomunista, no traspasan al pueblo por la conexión inexistente de legitimidad consensual.

La dictadura de los Castro lanzó, desde que llegó al poder, una guerra para promover la revolución comunista con su visón de lucha de clases a través del globo. No todo fue bélico o por una ideología o sistema, el castrocomunismo convirtió, desde el poder, a unos pocos en millonarios y todo a espaldas de la ley internacional. A la misma vez, sumergió a toda una nación en la miseria abismal y otra parte de ella la forzó a desterrase. Por todas esas razones, la deuda agenciada por el castrismo debe de morir y ser sepultada con el régimen. Cualquier institución o Estado prestamista que pretenda acceder a los tribunales para intentar obligar que Cuba libre pague las cuentas de los Castro y su dictadura, debe de encontrar a un Estado cubano democrático dispuesto y energizado a ir a la contrademanda por estar el prestamista en contubernio con un régimen tiránico, cuyo historial y patrón de cometedor de crímenes de lesa humanidad y de violador craso de los derechos humanos es bien conocido.

Punto 8 La Constitución

La Constitución de 1976, sus enmiendas de 1992 y 2002, sus leyes y su código penal, deben quedar sin vigencia y anuladas inmediatamente en una Cuba libre y democrática. La legalidad castrista ha sido un instrumento, inherentemente, para la racionalización y el reforzamiento del poder tiránico. Violan, intrínsecamente, los derechos naturales de los cubanos. Los Artículos constitucionales números 39, 53, 62, 72, y las leyes "pre delictivas" del Código Penal contra la "peligrosidad" y la conducta "antisocial" (Artículos 72, 73.1, 75.1, 82), contra el "desacato" (Artículo 144.1), la "desobediencia" (Artículo 147) y la colaboración con el embargo (Artículo 91), tajantemente violan derechos humanos fundamentales e imprescriptibles. La democracia cubana es incompatible con ninguna versión adulterada de la constitución castrista y de su legalidad.

Cuba, después de un dominio totalitario por más de 57 años, no está en condiciones de tener una asamblea constituyente inmediatamente. La razón es sencilla. A pesar de que el proceso de la descomunización en general y la lustración en particular resguardan contra la reaparición del castrocomunismo en el escenario político, queda el hecho de que la contracultura impuesta por la larga estadía de una dictadura marxista-leninista con matices personalistas, no fomentó una cultura democrática en la población. Consecuentemente, se correría el riesgo --si se instituyera una asamblea constituyente inmediatamente que cayera el régimen castrista-- de que los conectados con el antiguo régimen, aunque no estuvieran tachados de actividad criminal per se, estarían en las posiciones más ventajosas y probablemente dominarían el proceso. Con una sociedad civil prácticamente inexistente, Cuba quedaría vulnerable a la manipulación de sectores amenos al despotismo electoral, una de las nuevas innovaciones del control dictatorial. La democracia cubana no puede aventurarse así.

Lo más sensato y en línea con nuestra historia sería aplicar la última carta magna democrática de Cuba, la Constitución de 1940. Algunos críticos apuntan a su inaplicabilidad potencial a nuestra era, argumentando que ésta es muy prescriptiva, detallista y voluminosa con sus 286 artículos. Alberto Luzárraga, abogado e investigador cubano en el exilio, ha realizado numerosos proyectos en relación a actualizar la Constitución de 1940. En efecto, su trabajo propone enmendar la última constitución legítima de Cuba republicana y soberana, modificando, eliminando o cambiando el lenguaje de un poco más de 100 artículos de la misma. La Constitución de 1940 es un gran documento que con estas modificaciones queda apta para la modernidad.

Si fuera la voluntad de la mayoría de los cubanos realizar una asamblea constituyente en la nueva Cuba, recomendaría un periodo de espera mínimo de cinco años desde de que se haya puesto en vigencia la Constitución de 1940 (anulación de la de 1976). Esto daría un espacio cómodo para que se fortaleciera la sociedad cubana, así como las nuevas instituciones democráticas.

Entre las modificaciones constitucionales debería estar la consideración de la doble ciudadanía para los cubanos y sus hijos que nacieron en el extranjero. El episodio trágico del drama cubano ha vista a más de 20% de su población salir hacia el exilio. La nación cubana representa un caso curioso de constituir ésta un fenómeno transnacional. Los 2 millones de cubanos que viven fuera del territorio nacional, medido como una unidad productiva económica, producen un

Producto Interno Bruto (PIB) numerosas veces más alto que los 11 millones que residen intramuros.

Los cubanos desterrados han vivido en sociedades abiertas, en democracia y por lo general, han rescatado y vivido dentro de las costumbres y tradiciones, la historia y los valores, auténticamente, cubanos. El castrocomunismo ha podido, con bastante éxito lamentablemente, controlar y tergiversar la historia y los otros factores mencionados mediante el control político que han ejercido dentro de la Isla. Sin embargo, eso no lo han podido lograr con la nación cubana que se ha mantenido sin Estado o territorio nacional propio, pero en libertad y desterrada. De manera que la nación cubana, dentro y fuera de sus límites geográficos físicos, urge la doble ciudadanía y una representación en el gobierno de Cuba libre.

Por último, otra cuestión importante que el gobierno cubano democrático debería de convertir en política de Estado, aunque éste no es un tema que concierne a la carta magna, es la cuestión de la Base Naval de la Bahía de Guantánamo. Una vez consolidada la democracia en Cuba y sepultada la dictadura comunista, se debería de iniciar negociaciones con el gobierno norteamericano para que los Estados Unidos retorne el territorio a la República de Cuba. Ya sería hora.

Punto 9 Economía

En estos momentos rige en Cuba comunista como sistema económico una especie de *mercantilismo socialista*. Este es un modelo híbrido que se caracteriza por la tolerancia selectiva y politizada hacia la propiedad privada, los medios de producción, los mecanismos del mercado, la contratación del empleo, la fijación de precios y la inversión extranjera directa. La economía sigue siendo dirigida desde la cúpula del poder político. El nivel de planificación y organización no está centralizado, como fue el caso con el sistema anterior a 1992: el modelo económico socialista. A partir de ese año el castrismo modificó su constitución y sucesivamente ha seguido redefiniendo los términos de su variante mercantilista: en 1995 (Ley Número 77), en 2004 (Acuerdo 5290/04), en 2011 (Lineamientos), y en 2013 (Ley-Decreto Número 313). Algunos prefieren llamar modelos económicos como el que se ejerce en Cuba como *capitalismo de Estado* o *capitalismo concesionario*. Lo que no es, definitivamente, es un sistema de libre mercado genuino, ni mucho menos uno amparado por un Estado de derecho.

Es irrelevante la clasificación que se le dé al operativo económico castrista, lo importante y lo innegable es que el mismo no sirve para satisfacer las necesidades del pueblo de Cuba y revela una serie de deficiencias que son perjudiciales para esa nueva nación cubana liberada y con aspiraciones de democratizarse plenamente. Una economía en manos de una oligarquía militar produce enormes concentraciones de riqueza en una reducida porción de la población pues el dominio omnipresente de la economía por parte del Estado dictatorial, no deja que una sociedad civil se produzca y prospere. Vemos cómo el poder político monopoliza el sector económico y el sector no estatal no extranjero que toleran, lo que formula son cortesanos que no manifiestan ni ejercen una función legítima de empresario, sirviendo para contrapesar el poder del gobernante. Claro debe de estar que con la caída del castrocomunismo su sistema económico, inoperante y terriblemente injusto, tiene que ser arrasado. ¿Hacía qué modelo se debe ir entonces?

Cuba necesita un modelo económico que produzca riqueza, que extienda la equidad, que fomente el equilibrio social y que sea complementario con la democracia como sistema político. Debe ser un modelo de organización económica que repose sobre la propiedad privada y la iniciativa individual en la producción. Derechos de propiedad deben tener una fuerte protección legal. En eso y muchas garantías más, la Constitución de 1940 se pronunciaba sólidamente. Los medios productivos deberían estar en manos privadas lo más posible, ya que la evidencia es abrumadora a favor de la superioridad en capacitación productiva del sector privado sobre el estatal. La propiedad privada, adicionalmente y muy importante, es un guardián excelso de la libertad. Establece una barrera frente a alcances extremos o peligrosos del Estado.

Los precios y los salarios deben ser descontrolados inmediatamente para vigorizar la capacidad de la producción cubana. El control de precios y salarios perturba el proceso racional de fijarle el verdadero valor monetario a los bienes y servicios y sólo logra, a mediano y largo plazo, aplanar el motor productivo de cualquier sociedad. La evidencia empírica nos demuestra en los casos del ex bloque socialista en Europa, que los ejemplos donde la democratización fue más exitosa fue en los lugares que conllevaron las reformas de liberalización a un más nivel profundo y con mayor rapidez. La liberalización de los controles sobre precios, salarios y cuotas particulares es fundamental. Es un mecanismo artificial que distorsiona la ley económica de la oferta y la demanda.

El *mercado*, entendido como un medio y un proceso donde productores y consumidores intercambian bienes y servicios, no siempre funciona en equilibrio perfecto. Eso es debido a, entre otros factores, pero principalmente entre ellos, la incapacidad de todos los actores (productores y consumidores) de competir en términos iguales. La competencia auténtica y dinámica es esencial para asegurar que el mercado opere de la forma más óptima. El mercado falla, se distorsiona y se convierte irracional, cuando monopolios o carteles interfieren en el proceso. Esto ocurre, típicamente, cuando el monopolio ha contado con el apoyo de un Estado. La monopolización de funciones económicas conlleva a problemas de peor proporción en el ámbito político por esa razón. En dictaduras es predecible y característico que empresas poderosas busquen la preferencia del poder político y el amparo de otros productores. En regímenes democráticos el favoritismo que un gobierno pueda exhibir hacia determinados negocios privilegia a unos pocos, le priva a muchos de competir favorablemente y mina el propósito de un auto gobierno, corrompiendo el equilibrio social que es fundamental en una democracia.

De manera que el modelo económico de una Cuba libre debería de contar con mecanismos jurídicos y estructurales sólidos para luchar inherentemente contra la formación de monopolios y de su clase social consecuente, las oligarquías. Ningún Estado debería ser cooptado por intereses comerciales o de grupos particulares. La ética democrática urge de albergar, en el ámbito económico, un sistema que detenga cualquier tendencia a la monopolización y la absorción del Estado por propósitos individuales.

La pobreza no tiene por qué ser una fase permanente en la vida de ningún cubano, como ha sido el caso bajo la larga noche del castrocomunismo. El modelo económico que Cuba democrática adopte debería de tener los dispositivos sistémicos para facilitar la *movilidad social*. Esto requiere, en el entorno del mercado de trabajo, leyes laborales flexibles para no incentivar un sector laboral estático. Cuando al empleador se le exige requisitos por arriba de su posibilidad de cumplir y de lucrar a la vez, no emplea a personas o tiene que cerrar sus puertas. La mayor elasticidad en las leyes les provee a los obreros más oportunidad para buscar el empleador o el contratista que le ofrece las mejores opciones por su talento. Naturalmente, toda contratación laboral es directa y libre. Por medio de sindicatos también el obrero puede acceder al mercado laboral, si así lo prefiere. Esto es otra alternativa que puede resultar atractiva, tanto para una empresa (estarían asegurados de contratar personas competentes) como para el trabajador (el sindicato le sirve de filtro).

Para desarrollar un clima más conducente a un mercado laboral dinámico, las empresas (pequeñas, medianas y grandes) deberían ser liberadas de costear beneficios de seguridad para los empleados. Esta responsabilidad debe de caer sobre el Estado. La idea es que con menos obstáculos para que una empresa doméstica o extranjera abra y mantenga sus operaciones en Cuba, el costo de añadir un trabajador cubano debería de ser lo mínimo posible. La cuenta es clara, si los cubanos tienen más opciones de puestos laborales, más pueden obtener en mejores sumas de remuneración, más alternativas de trabajo tendrían y nadie se tendría que quedar en un trabajo por cuestiones de beneficios colaterales de seguros, etc.

La transparencia y el acceso a la información son cruciales para que una sociedad abierta y libre pueda estar informada sobre las oportunidades de trabajo disponible. Consecuentemente, el Estado de la nueva Cuba debería tomar un papel proactivo en facilitar el encuentro entre el obrero que busca trabajo y la empresa que necesita un trabajador. El gobierno debe tener la mayor cantidad de información sobre oportunidades laborales y solicitantes de empleo, de forma accesible y actualizada. Para eso se debería de digitalizar una base de datos, gratuita y fácil de acceder y entender, para informar a la población de ofertas de empleo disponible y a empleadores, otorgándoles información sobre el mercado laboral cubano. Lo que se busca es que obreros y patrones puedan, mutuamente, tener a su alcance un mecanismo para promover una economía vibrante, un clima atractivo para emplear y un país digno para el que quiera trabajar e ir hacia adelante.

Un modelo socioeconómico, pro crecimiento que enfatiza la movilidad, la equidad y el equilibrio social a la misma vez, sólo se puede lograr si tiene una red de servicios públicos y de seguridad social extensa, moderna y cualitativamente de primera. Mencionemos una parte de la programación de seguridad social que una Cuba libre y democrática debe de tener. Para empezar, es indispensable tener un sistema de salud no solamente accesible para todos sino también de alta calidad. La salubridad cubana debe combinar la medicina privada y la pública. Pueden coexistir perfectamente, ofreciendo más opciones para los cubanos. El sistema de cobertura médica pública contaría con una red de centros de cuidado de salud comunitarios, clínicas y hospitales, todos ofreciendo cuidado médico en forma universal y disponible para toda la población. El sistema privado simularía al modelo de la medicina privada antes del comunismo con sus asociaciones mutuas, sus consultorios y hospitales privados y el esquema de organizaciones de mantenimiento de salud que refundaron en el exilio, en EE.UU., cubanos al salir de la Isla.

La educación en Cuba democrática debe tener también sus alternativas pública y privada. El sistema público debe ser universal, ofreciendo educación desde kindergarten hasta el nivel de posgraduado. La educación privada debe de coexistir y podrían estar disponibles vales escolares donde el costo de la educación en la opción pública puede transferirse al colegio privado, sin este cobrar nada adicional. La educación pública no se debe limitar sólo a la básica y académica, sino también debe ser extensiva a la vocacional y cubrir oficios. Esto les daría a los cubanos una variedad amplia en cuanto a educación.

La red de seguridad social debe incluir, adicionalmente, cobertura de desempleo y asistencia social, reentrenamiento laboral y vocacional, acceso público a recursos culturales como museos, bibliotecas, parques, centros de arte/literatura/cines, etc., asistencia para personas discapacitadas y de edad avanzada, asistencia legal pública, acceso a un defensor jurídico público y otras consideraciones de urgente necesidad y vital importancia. No estamos hablando con esto de instituir un Estado de bienestar social, sino de forjar un sistema socioeconómico equitativo, transparente, con armonía social y un entorno donde la clase trabajadora y la clase empresarial no tengan que cargar con el peso de obtener, costear o proveer ciertos bienes y servicios básicos como son los mencionados previamente. ¿Qué modelo socioeconómico existente pudiera semejar algo así?

Entendiendo que cada país es un fenómeno sui generis y que aplicaciones de esquemas políticos y económicos siempre adquieren sus propias particularidades en la nación que se adscribe, el modelo de la *economía social de mercado* ("modelo alemán") o como se le conoce en las ciencias sociales, el *ordoliberalismo*, sería un sistema bastante próximo a lo que se está recomendando para una Cuba libre en democracia en un sentido práctico. "Ordo" viene del latín y quiere decir "orden". Este modelo económico y corriente de pensamiento se desprende del liberalismo clásico bajo la noción de que el mercado desatendido y sin los frenos y contrapesos de un árbitro, es manipulable por intereses comerciales y la clase política que en colusión imposibilitan la competencia saludable y verdadera.

Otras versiones sustentadas en teoría por la misma apelación de que el sistema de libre empresa, urge cuidado y protección para no pervertirse son *capitalismo popular* y *capitalismo competitivo*. La premisa detrás de todas estas corrientes es el planteamiento que intereses comerciales buscan y desean, por natura, eliminar la competencia. Estas entidades mercantiles buscan el apoyo de los políticos para atender esos propósitos y así evitar tener que enfrentar competidores. La formación de carteles por parte de bloques económicos, de empresas dominadoras de mercados y de monopolios, es evidencia de la distorsión dañina al principio de la competencia que es clave para que el mercado sirva su función de producir los mejores bienes y servicios, con una base de participación equitativa. Otros componentes de una economía saludable es poder evitar tempestades al estado económico de un país, sobre todo prevenir un daño que típicamente es auto infligido por el manejo erróneo de los políticos.

El mayor mal económico es la inflación. La misma golpea con mayor dureza a los que menos tienen. Por eso es fundamental que el gobierno cubano libre adopte políticas que eviten errores de programaciones que faciliten explosiones inflacionarias. Hay dos ramas diferentes de la política económica que impacta la inflación causada, potencialmente, por fórmulas erradas. Cuba democrática debería evitar caer en esquemas que estimulen una inflación galopante. Estos dos entornos de la economía son: la *política monetaria* y la *política fiscal*.

El Estado cubano libre, en conjunto con economistas y los políticos, deberían seguir una política monetaria de estabilidad y previsibilidad en su enfoque en cuanto a la norma de la oferta de dinero (o masa monetaria) y su circulación. La moneda que debe circular es una sola, el peso cubano. La estabilidad de precio y la previsibilidad de la circulación de pesos es importante para tener una economía de crecimiento positivo y de inflación bajo control. Otro aspecto de la política monetaria es la tasa de interés que fija el Banco Central para estimular la economía en momentos de crecimiento lento o crecimiento negativo o para frenar el crecimiento de la economía con vista a evitar el alza de precios (la inflación).

Existen mecanismos para evitar la politización de instrumentos económicos que, dejados a impulsos ideológicos desenfrenados o intereses particulares, pudieran traer consecuencias desastrosas a cualquier nación. La arbitrariedad en el manejo de fórmulas para acelerar o desacelerar una economía se presta a la manipulación. Por eso sería prudente tener en función un marco permanente de políticas que funcionan en condición de "piloto automático". De esa manera, cambios de gobiernos o leyes no alterarían la estabilidad y lo previsible, dos factores irremplazables en el orden de una economía exitosa.

La *regla de Taylor*, nombrada así por el economista John B. Taylor, codifica normas y parámetros en el cual el Banco Central procede a subir o bajar los intereses en el manejo de la política monetaria. La misma ofrece pautas específicas y preestablecidas que miran y dan señal de cuando de debe actuar para subir la tasa de intereses o bajarla. Los factores a mirar son: el por ciento de la inflación; el Producto Bruto Interno (PIB); y la tasa actual de los intereses. Lo conveniente de formularios como este es que despolitizan el funcionamiento económico y ofrece más garantías de seguir posturas económicas coherentes y racionales.

En cuanto a la política fiscal de una Cuba libre y democrática, se debería trazar un curso de transparencia, sensatez de gastos e impuestos bajos y poco complicados. La corrupción es un problema desgarrador para cualquier sociedad. El formulario más efectivo para minimizarla es tener un sistema de transparencia absoluta en cuanto a todos los gastos públicos, todas las licitaciones, todas las sesiones políticas, todos los convenios comerciales con el Estado, todas las finanzas de gobernantes y oficiales públicos y toda esta información debe estar digitalizada y fácil de acceder. La

Constitución de 1940 contiene fuertes mecanismos para fiscalizar las cuestiones de corrupción y malversación.

Los gastos públicos deberían de permanecer emparejados con las rentas al Estado. Existen también atractivas opciones para frenar déficits fiscales desbordados. Estas políticas buscan establecer topes al gasto público y colocarlos en "piloto automático", de esa manera despolitizando un poco el proceso da gastar el dinero ajeno. Estas fórmulas establecen límites en cuanto a lo que se puede gastar, de acuerdo a varios factores que incluyen el PIB, el nivel de crecimiento económico, la tasa del desempleo y las rentas que le están entrando al gobierno. Teniendo un límite en el gasto público prefijado en porcentajes atados a los mencionados factores (PIB, tasas de crecimiento económico, desempleo, suma de rentas), logra evitar los desórdenes fiscales de países deudores y algunos quebrados.

Como se podrá apreciar, para poder ofrecer los mejores bienes y servicios, tener un estándar de vida alto, con equidad y la oportunidad de la movilización social, es indispensable que Cuba tenga niveles de crecimiento económico apreciables. Para poder hacer esto y costear la programación social delineada previamente, tiene que existir un clima económico proclive a la actividad económica robusta. Para eso la tasación de impuestos debe ser lo más baja posible, una que no desincentiva la productividad del individuo o la empresa y que no estimule un consumismo frenético.

Tomando en cuenta todas las herramientas políticas disponible para que un Estado genere ingresos para expenderlos en bienes y servicios públicos por medio de impuestos, una opción que los cubanos deberían considerar es el *Impuesto al Valor Agregado* (IVA) en sustitución de los impuestos a los ingresos para individuos y familias. Este método es más simple, estimula la productividad al no penalizar el ganar más dinero, ayuda a forjar una economía más sólida, ya que es menos dependiente de ciclos y brotes de consumo. Empresas deberían de pagar tasas de impuestos sobre las ganancias de entre 5% a 10%. Esto haría de Cuba un lugar atractivo para la inversión.

En este mundo globalizado, Cuba tiene una oportunidad exquisita para convertirse, con una sociedad libre y abierta, en un gigante económico. El libre comercio con otras naciones y bloque de países es algo que se debe perseguir. Eso sí, siempre y cuando se prioricen los intereses nacionales, las industrias domésticas y el costo social mirado de forma integradora y a largo plazo, que cualquier convenio comercial pudiera traer. Interacciones comerciales libres pero justas y beneficiosas para todos los cubanos, debe ser el estándar de principio que guía la política de comercio internacional.

10 Sistema de gobierno

El modelo semipresidencialista que proporciona la Constitución de 1940 o el presidencialista de la Constitución de 1901 ofrecen sistemas de gobierno adecuados para una democracia funcional. Ambos sistemas de gobernanza democrática contienen los mecanismos necesarios para evitar la predominancia de una rama sobre la otra (ejecutiva, legislativa y judicial) o el desbalance y potenciales abusos de poder. Estos elementos imprescindibles en una democracia son: la *separación de poderes*, el *control de constitucionalidad* y otros *frenos y contrapesos*. Existen aspectos adicionales que se deberían incorporar o enmendar en el caso cubano para evitar problemas potenciales de corrupción y la injerencia de intereses especiales en el proceso político. Uno de ellos sería el *financiamiento público* de las campañas políticas.

El problema de permitir dinero privado en las contiendas electorales es la posibilidad ostentosa de corromper al proceso político por varias razones. La falta de fondos priva a los que menos tienen de competir en términos iguales, posibilitando la materialización de leyes o exenciones a ellas en obediencia a intereses creados, entregándole una influencia desmedida a personas no elegidas por el pueblo soberano. Por estos y muchos otros motivos, la financiación de elecciones estrictamente mediante fondos públicos sería la mejor opción para combatir males tóxicos a la buena gobernanza.

Los fondos para las elecciones se deben dispersar directamente a los candidatos en elecciones primarias en vez de a los partidos políticos. Esto evitaría el favoritismo entre agentes de los partidos dentro del proceso de selección de candidatos y sería la mejor posibilidad para atraer nuevas personas al proceso. Una vez que el candidato individual asegura la nominación de su partido para el escaño que busca ganar, entonces en siguientes elecciones generales el dinero del financiamiento público se debe repartir a la mitad para el partido y la otra mitad para el candidato particular. Para que un partido califique para obtener fondos públicos tendría que recoger un mínimo de un tercio de los votantes posibles.

.

www.ingramcontent.com/pod-product-compliance
Lightning Source LLC
Chambersburg PA
CBHW032117280326
41933CB00009B/886